盤石 이인 詩寫集 Ⅱ

언젠가는
언젠가는
언젠가는
언젠가는
언젠가는

Designed by 그루터기

언젠가는

신아출판사

책을 내며

　시사집詩寫集『그루터기 단상 일지』를 출간하고 1년이 지났다. 후속 작품을 염두에 두고 지난 1년 동안 우리 주변의 꽃과 나무, 철새와 텃새, 들짐승, 등을 관찰했다. 전주 일원과 전라도를 여행하면서 보고, 듣고, 느낀 바를 사진과 함께 시 형식으로 기록한 이번 시사집 표제는『언젠가는』이다.

　우리 주위엔 어떤 동식물들이 살고 있으며 주변 생태계는 어떤 변화를 겪고 있는지에 관심을 기울이는 계기가 되길 바라며 두 번째 시사집을 내놓는다. 생태 관찰 사진에는 환경 변화를 살필 수 있도록 촬영 일자와 장소를 명기했다. 야생 동식물의 특징 묘사는 조류도감(박종길 저, 2014,『야생조류 필드 가이드』, 자연과 생태)과 인터넷 검색 엔진(구글, 네이버) 검색 결과를 참조했다.

　바쁜 일정 속에서도 흔쾌히 발문을 써 주신 전주교육대학교 김용재 교수님, 졸고를 출간해 주신 신아출판사 서정환 사장님과 이종호 편집국장님을 비롯한 임직원 여러분께 심심한 사의를 표한다. 아울러 새를 먼저 발견하고 이름을 확인해 주는 등 나의 탐조 활동에 많은 도움을 준 아내에게도 고마움을 전한다.

　독자 여러분의 관심과 질정叱正을 기대해 본다.

2022년 10월

그루터기 이인

언젠가는

차 례

7 　책을 내며

1부

12 　배롱나무꽃
14 　시월의 산철쭉꽃
16 　만추
18 　은목서
20 　먼나무
22 　건지산 나목
24 　수달
26 　바윌 품은 나무
28 　산딸나무꽃
30 　고라니
32 　하늘나리꽃
34 　분홍바늘꽃
36 　송엽국

2부

40 물총새
42 흰날개해오라기
44 큰고니
46 황로
48 호랑지빠귀
50 청딱따구리
52 어치
54 밀화부리
56 쇠오리
58 오색딱따구리
60 때까치
62 뿔논병아리
64 촉새
66 쇠딱따구리
68 힝둥새
70 붉은머리오목눈이
72 왜가리
74 검은머리방울새
76 물까마귀
78 언젠가는
80 찌르레기

3부

84	제헌절
86	생일
88	칼림바
90	해와 달처럼
92	무지개
94	아침 이슬
96	갈등
98	붉은 백합
100	신축년 성탄절
102	임인년 원단 기원
104	소원성취의 문
106	가뭄
108	옥녀봉 변강쇠바위
110	책바위
112	개미 떼
114	빈 의자

발문

작은 것에서 큰 것을 보는 여유 — 김용재 전주교대 교수

자연의 아름다움
- 야생 동식물 -

배롱나무꽃

백일홍이라고도 불리는 배롱나무
풀꽃 백일홍과 구별하려 따로 붙여진 이름

줄길 간지럽히면 가질 흔든다 해서
간지럼나무로도 불리네

반들반들 담갈색 가지 위 붉은 꽃
여름꽃 중 으뜸일세

초록에 자홍이라 더더욱 도드라지고
번갈아 피고 지니 오래도록 눈 호강 하네

지금 난 뭘 보고 있나
꽃인가 나문가

목 빼고 바라보는
목백일홍

(2021. 07. 26, 기지제)

시월의 산철쭉꽃

일주 전 한로寒露였고
일주 후면 상강霜降인데
가을걷이 한창인 시기에
여기저기 산철쭉꽃 활짝 피었네

가을인데 봄인 줄 착각했나 보다
흐트러진 생체 리듬 때문일까?
둔감해진 감각 때문일까?
지구 온난화 탓이네

이러다 우르르 무서리라도 내리면
삭풍에 눈발이라도 흩날리면
애처로워 어이할꼬
고운 저 미소

하 수상한
기후 변화 징후

(2021. 10. 15, 기지제 수변공원)

만추

빨간 단풍잎 노란 은행잎
가을 색의 절묘한 조화

빛이 있음 감사
볼 수 있음도 감사

초봄 새싹의 연록
한여름 싱그런 신록

가을엔 빨강 노랑 갈 옷 입고
고운 자태 자랑하네

가는 세월 어이 붙잡으며
자연의 순리 어찌 거스르리오

"내가 죽어 네가 산다면 …"
비장한 단풍의 절규!

(2021. 11. 02. 무주 와인동굴 입구)

은목서

우수수 낙엽 질 때 홀로 푸르르니
가상한 그 기상

올망졸망 하얀 꽃송이
시선 사로잡는 은은한 향기

이름이 무언가
천리향이라 불리는 은목서라

남도 여행길에 첨 보았던 천리향
우리 곁에도 있었구나

누군 은목서가 천리향이라 하고
천리향은 은목서와 다르다는 이도 있네

늦가을 푸르름에 살포시 더해진 향기
은목서든 천리향이든 무에 그리 중하리

눈 호강을 하고
꽃향기에 취하는데

(2021. 11. 06. 호수마을 앞 순환산책로)

먼나무

남도 여행길에 종종 스치는
늘푸른큰키나무

제주도와 남해안에서 자라며
시월엔 붉은 열매 맺네

"저것이 먼* 나무라요?"
"먼 나무는 무신, 먼나무랑께."

묻는 건지
답하는 건지

전라도 사람이라
더 정겨운 이름이어라

---

* '무슨'의 전라도 말, '무신'이라고도 함.

(2021. 12. 04. 정남진토요시장 주차장)

건지산 나목

중부 이북서
군락 이뤄 자란다는 자작

어룬 님 오시는 밤 자작 수피樹皮로 밝힌 불
혼인 예식 시작하며 밝히는 화촉樺燭

자작자작 소리 내며 탄다 해서 붙은 이름
젖어 있어도 잘 붙는 불

마음 졸이며 수피에 써 보낸 편지
불 붙듯 이는 연인의 사랑

주고받은 연서戀書
모이고 쌓여 서책이 됐네

돌돌 벗겨지는 자작 수핀 흰색인데
사스레나문 회백색, 거제순 갈색

줄기 하얀 건지산 나목
"네 이름이 뭐니?"

(2022. 01. 08, 건지산)

수달

천연기념물인
족제빗과 포유류

우림교 아래 나들길
운전 주의 표지판 주인공

틀못 정자 아래서 모습 보인 한 마리
못물 들머리서 노니는 세 마리

따사로운 봄기운에 나들이 나온 양
마냥 신이 난 수달 가족

홀로 아닌 셋이라
보기 좋아라

(2022. 02. 04, 기지제)

바윌 품은 나무

구천동 어사길 산책로
높이 솟아오른 나무 한 그루

바위 틈새 비집고 자라오르다
거치는 바윌 품어 버렸네

부딪쳐 할퀸 상처 아렸으련만
꿋꿋이 잘도 버텼네

극복하지 못할 상대라면
아예 품으라네

내가 품어야 할 대상
무엇인가
누군가

(2022. 04. 28. 구천동 어사길)

산딸나무꽃

초록 동산 위에 펼쳐진
흰 우산?

청천 하늘에 비 올 리 만무하니
우산이랴

푸른 초원 덮고 있는
하얀 눈?

한여름 땡볕인데
눈일 리야

십자 모양 꽃잎 네 장
하늘 향해 벌어졌네

초여름 새하얀 눈꽃 떨기
가을엔 붉은 딸기 맺네

이름하여
산딸나무꽃이네

　　　(2022. 05. 21, 기기제)　　　　　(2022. 09. 21, 기기제)

고라니

한반도 전역에 분포하는
사슴과 포유류

갈대밭이나 건조한 곳 좋아하는
초식성 동물

몸뚱이 윗면 거친 털은 황갈색
아랫면은 담황색

천적들 완전히 사라져
개체 수 증가 중

암수 모두 뿔이 없고
앞다린 붉네

입 밖으로 삐죽 나온 수컷 송곳니
짝짓기 싸움에 유용하다네

울 안에 갇힌 듯 한정된 곳에서
어찌 번식하고 생육하느뇨

(2022. 06. 01, 기지제)

하늘나리꽃

기지제 둑길 초록 풀잎 사이
붉은 꽃 세 송이

무심히 지나가던 아이
멈춰 서네

뭍으로 나들이 나온
불가사린가

하늘나라서 마실 온
아기별인가

환한 미소가 고운
하늘나리꽃

(2022. 05. 30, 기지제 제방)

분홍바늘꽃

바늘꽃과
여러해살이풀

중부 이북서 자란다며
기지제 둑길에도 피어 있네

옆으로 뻗어 나가 이룬
기다란 꽃 무더기

곧추선 줄기
연이어 달린 꽃송이

어긋난 잎은 피침 모양
온몸에 돋은 미세모 송송

분홍 꽃잎 다 지도록
은은한 향기 벌을 부르네

(2022. 06. 11. 기지제)

(2022. 09. 28. 기지제)

송엽국

함초 닮은
초록 잎사귀

수줍게 핀
분홍 꽃송이

채송환 줄 알았네

다시 본 꽃잎
부챗살 모양

채송화 아니네

솔잎 닮아
송엽국이라네

(2022. 07. 23. 기지제)

자연의 소리
- 철새와 텃새 -

물총새

작년 이맘때 첨 본 물총새
다시 보니 반갑네

사월에 도래해 구월까지 머무는
파랑새목 물총샛과 여름 철새

온 부리가 검으면 수컷, 윗부리만 검으면 암컷
몸에 비해 머린 크고, 부린 긴데 다린 짧네

등이 푸르러 취조翠鳥인데
어호漁虎, 어구漁狗로도 불리네

윗면은 녹청, 등허린 파랑
귀 뒤 반점과 멱은 하양, 배는 주황

물고기 잡아 주며 구애하는 수컷
암컷이 받으면 짝짓기 성공

연인들의 프러포즈
예서 유래했나

(2021. 06. 28, 틀못 순환산책로)

(2021. 08. 01, 틀못)　　(2021. 08. 31, 틀못)　　(2022. 04. 19, 틀못)

흰날개해오라기

사월에 도래해 시월까지 머무는
보기 드물다는
여름 철새

등은 청회색, 배는 흰색
노란 부리 끝은 검고
다린 황록색

연잎 위에 서 있을 땐 연갈색
물 월 날 땐 뚜렷한 흰색
변장술의 고수로고

(2021. 09. 19, 기지제)　　　　　(2022. 07. 23)

큰고니

부리 끝은 검고 기분 노란 큰고니
몸 전첸 하얗네

고니, 흑고니와 구별되는
천연기념물

물에 비친 그림자와 완벽한 대칭
데칼코마니의 전범典範

물 위에 떠 있는 우아한 자태
새 을乙 자字의 전형典型

큰고니 앞에 두고
새 을乙 자字도 모르누나

(2021. 10. 14, 기지제)

황로

사월에 도래해 구월까지 머무는
황새목 왜가릿과 나그네새

쇠백로보단 작으며
부리 굵고 짧네

머리서 목까진 등황색
몸통 전첸 하얗네

초록 수초 위로 빼꼼히 고갤 내미니
노란 두부頭部 뚜렷이 보이네

노란 깃털
팔월이면 하얘진다네

두상만큼이나
예쁜 이름이어라

(2021. 08. 13, 기지제)

(2022. 05. 20, 기지제)

호랑지빠귀

사월에 날아와 시월까지 머물지만
일부 월동하는 지빠귓과 철새

암수 동색이라 쉬이 구별되는
대략 한 자 길이 큰 새

황갈색 등허리 깃털 무늬
영락없는 호피虎皮네

겨울엔 보기 드물다는 그 새
지금 여기서 마주하네

어둡고 습한 곳 좋아하며
엄청 겁이 많은 새여

겁쟁이란 오명 떨쳐 버리고
흑호黑虎 기상으로 겨울 잘 나오

(2022. 01. 07, 기지제)

청딱따구리

한반도 내륙 어디서나
볼 수 있는 텃새

경계심이 강하며
홀로 살아가네

몸 윗면은 녹색
아랫면은 민무늬 회색

수컷 이마 위 붉은색
암컷엔 없네

나 홀로 세댈 닮은
청딱따구리

(2022. 01. 07. 건지산)

어치

어디서나 볼 수 있는
흔한 텃새

다른 동물 소릴 잘도 따라 하는
흉내쟁이

어디서든 잘 살고 아무거나 잘 먹는
무던한 새

틈새 찾아 먹거리 저장도 잘하는
갈무리 왕

적갈색 머리 위엔
흑색 반점

검은 줄무늬, 파란 날개덮깃은
그만의 신분증

어치 견줄 만한 장삼이사
어디 없을까나

(2022. 01. 30, 건지산)

밀화부리

가을철 남쪽으로 이동하는 철새라는데
작년 이월 경 모습 보이더니
올해도 어김없이 찾아왔네

엷은 주황색 부리 끝은 검고 뭉툭하며
연회색 몸통에 머리와 꼬린 검어도
날개깃 끝 줄무늬 하얗네

또 다른 이름 '고지새'
더 정겨운 이름 '밀화密話부리'
은밀한 얘기 전해 주려나 은근 기대되네

(2022. 01. 29, 기지제)

(2022. 02. 04, 기기제)

쇠오리

흔한 겨울 철새로
습지나 하천서 월동하네

팔월에 도래해 이듬해 사월까지 머물고
한반도 찾는 오리류 중 제일 작네

수컷 머린 밤색, 눈 뒤 줄무늰 녹색
등과 배엔 흑백 줄무늬 있네

암컷 몸 전첸 진한 갈색
검은 반점도 있네

참 깜찍한 새
쇠오리

(2022. 02. 14, 베틀못)

오색딱따구리

어디서나
볼 수 있는 텃새

까만 어깨엔 쐐기 모양 흰 반점
날개깃엔 점점이 박힌 하얀 얼룩 있네

뒷머리와 꽁지덮깃 아래가 붉은 수컷
암컷엔 붉은 깃 없네

주로 홀로 활동하는
독립심 강한 새

이름만큼이나
아름답구나

(2022. 02. 21, 호수마을 앞 못가)

(2022. 02. 22, 호수마을 앞 못가)

때까치

빈번히 관찰되는 텃새
일분 봄가을 한반도 통과한다네

개방된 곳 좋아해
나무 꼭대기나 전깃줄에 앉네

앉아 있을 땐 가만있지 못하고
꽁지 빙빙 돌리거나 좌우로 흔드네

나뭇가지나 철조망에 먹이 꽂아 놓으며
지저귐이 유난히 시끄러운 새

때
까
치

(2022. 02. 22, 기지제)   (2022. 03. 29, 기지제)

뿔논병아리

내륙 호수서 관찰되는 겨울 철새
잠수해 먹일 사냥하네

갈대나 물풀 새에 지은 둥진
어엿한 수상 가옥

돌출된 정수리 까만 깃은
그만의 고유 이미지

부린 분홍색, 눈 주윈 흰색
날면 드러나는 하얀 띠

이름은 그러해도
크긴 전혀 병아리 아니네

(2022. 03. 06, 기지제)

(2022. 03. 17, 기지제)

촉새

한반돌 통과하는 나그네새
중남부선 소수가 겨울을 난다네

덤불, 개울가 관목, 밭, 등지서
흔히 볼 수 있네

심한 개체변이로 식별이 쉽지 않은
아종亞種과 암수 구분

수컷 머린 엷은 녹회색
배와 가슴은 선명한 노란색

촉샌 되지 마라
까불이 우리 아가

(2022. 03. 15. 기지제)

쇠딱따구리

흔한 텃새로
다양한 환경서 서식하네

나뭇가지 위 곤충 주로 먹지만
나무 열매도 따 먹네

흑갈색 날개엔 흰 줄무늬
옆구리엔 갈색 줄무늬도 있네

딱따구릿과 새 중 가장 작아도
경계심 따윈 전혀 없네

가차이서[*] 모습 보여 주며
거침없음 증명하네

---

[*] '가까이에서'의 전북 방언

(2022. 03. 22. 호수마을 상가 호수 쪽 공원)

힝둥새

한반도 전역에서 월동하는
할미샛과 나그네새

녹갈색 등엔 진갈색 줄무늬
가슴엔 흑갈색 얼룩무늬

짧고 뚜렷한
눈 위 흰 눈썹 선

주요 서식진
하천가 풀밭, 농경지, 인가 근처 숲

바닥에서 먹일 찾다 인기척 나면
나뭇가지 위로 날아올라 쉼 없이 꽁질 흔드네

습성도 이름도
희한한 새네

(2022. 03. 22. 기지제)

붉은머리오목눈이

뱁새라고도 불리며
어디서나 볼 수 있는 텃새

무리 지어 사는 곳은
호숫가 덤불이나 갈대밭

몸 전첸 갈색
정수리와 날갠 적갈색

끝이 아래로 굽은 뭉툭한 부리
덩치에 비해 긴 꼬리

뻐꾸긴 뱁새 둥지에 알을 낳고
뱁샌 뻐꾸기 새낄 키우네

남 새낄 더 살뜰히 보살피니
관대한 건지 비정한 건지

황새걸음일랑 걷지 마라
가랑이 찢어질라

(2022. 03. 29, 기지제)

왜가리

백로류 중 가장 먼저 찾아오며
전국 습지서 흔히 볼 수 있는 철새

일정한 곳에서 백로와 섞여 서식하며
생나무 가지 위에 죽은 가지로 둥질 트네

성조 뒷머리 긴 댕긴 검은색
몸통은 밝은 회색

자기 영역에 들어오는 천적엔
일제히 날아올라 주월 맴돌며 맞서네

근접해 오는 적 구토물 악취로 물리치니
단연코 화생방전 고수로구나

어류, 양서류, 파충류 잡아먹는
수서생물 상위 포식자

오늘은 두더지로
포식하누나

(2021. 07. 03, 기지제)

(2022. 03. 31, 기지제)

검은머리방울새

시월에 찾아와 겨울을 나는 철새
이듬해 사월까지 머문다네

무리 지어 먹일 찾고
하천가 관목에서 서식하네

날면 보이는 노란 선
꽁지깃엔 노랑 무늬 있네

노란 가슴에 배가 흰 수컷
옆구리엔 흑갈색 줄무늬 있네

지저귀는 소리 영롱한
검은머리방울새

(2022. 04. 08, 기지제)

물까마귀

바위 많은 산간 계곡서
서식하는 텃새

계곡물 위로
날쌔게 이동하네

수서곤충 잡으려 잠수하는데
물고기도 먹잇감이네

몸은 초콜릿 빛 갈색
암수 같은 색이네

눈에 잘 띄지 않으니
명이 길지 싶네

(2022. 04. 28, 구천동 계곡)

언젠가는

우리게 친근한
참새

이제 막 이소한
어린 새

양 갈래 가지 새에
앉아 있네

아직 날 줄 모르니
주저주저

누구나 저런 때
있었네

언젠가는 꼬옥
오리라

자유롭게 날
그날

(2022. 05. 20. 기지제)

찌르레기

참새목 찌르레깃과
여름 철새

머리와 날갠 진회색
눈 주윈 하얀색

아랫면은 회색이나 배는 희고
체구에 비해 꽁진 짧네

공원 숲 가에서 무릴 이루고
다른 새가 파 논 구멍에 둥질 트네

나무 열매, 지렁일 주로 먹지만
곡물도 먹어 치우네

빌붙기 좋아하는
얌체 같은 새

(2022. 06. 09, 기지제)

일상 스케치

제헌절

법法이란 무언가
법法 자字 구성은 물 수氵 변에 갈 거去
물 흐르듯 살아가도록 도와주는 거 아닌가

본디 공휴일이었던
대한민국 헌법 제정을 기념하는 국경일
공휴일 아닌 국경일이니 국경일인 줄도 모르네

법을 제정하는 국회도
제정된 법 집행하는 검찰도
법에 준거해 유무죄 가리는 법원도 무심하네

정녕 이룰 수 없으려나
'법 없이도 살 수 있는 세상!'
법 위에 법을 더하고, 고소에 상골 추가하네

새로운 법이 제정되어도
이런 법은 왜 없느냐 투정하고
저런 법은 있으나 마나 하다며 불평하네

법 없이도 물 흐르듯 굴러가는 사회공동체
양보와 배려만으로 이룰 순 없으려나
한갓 헛된 백일몽이려나

생일 †

초복과 중복 사이에 든 내 생일
오뉴월 더위에 암소 뿔이 물러진다더니
찜통더위 위세 여간 아니네

아내 이마엔 땀방울이 송골송골
삼복지간엔 입술에 붙은 밥알도 무겁다는데
미안하기 그지없네

정년퇴임 해에 맞는 생일
케이크에 선물까지 준비하다니
고맙고 감사하네

복더위에 날 낳으신 어머니
무더위 이겨내신 모성앨 감사해야지
축하 받을 일 아니지 싶네

시사집詩寫集 최종 교열 후 인쇄 수락
미안함, 고마움, 감사함에 뿌듯함 한 술 얹어
생일날 생일 하나 추가하네

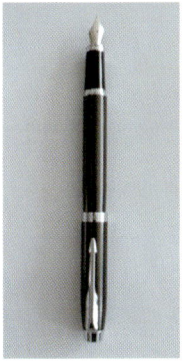

칼림바

악기 하나쯤 연주하고파 준비했던 오카리나
주법 다 익히지 못하고 묵혀둔 채
새로 선물 받은 칼림바

나무판 몸통에 가는 금속 타인* 부착된 음비라**
아프리카서 카리브제도로 건너가
칼림바 되었다네

손끝으로 타인 튕길 때 나는 소리 은은하니
층간 소음 걱정 없이, 시공간적 제약 없이
언제고 얼마고 연주할 수 있네

엄지가 개별 타인보다 굵어 튕기기 힘들어도
반복 연습으로 완성되는 '생일 축하' 곡
언젠가는 칼림바 주자奏者 되리

---

* '(포크, 사슴뿔 등의) 가지'를 가리키는 영어 단어 tine을 소리 나는 대로 적은 것으로 악기의 건반 역할을 하는 개별 금속판을 가리킴.
** 영어 철자는 mbira 이며 '므비라'라고도 불림.

해와 달처럼

동산 위로 솟은 해와 서편 팔월 열엿새 달
겨우 하루 지난 보름달이련만
벌써 이울어져 보이네

낮엔 해만, 달은 밤에만 뜨는 줄 알고
해 뜨면 달은 볼 수 없다 생각했네
때론 둘이 함께 떠 있는데

어찌해도 어울리지 못할 것만 같고
아무래도 합이 맞지 않아 보여도
세상에 '절대 불가'란 없네

옹졸함 좀스러움 벗어 버리고
유연하게 살아가세
해와 달처럼

무지개

찜통더위 식혀준 장맛비 그치자
서편 하늘에 펼쳐진 무지개

다신 물로 심판하지 않겠노라 말씀하시고
보여 주신 약속의 징표

하늘 뒤덮은 먹구름 위세 등등할지라도
오롯이 믿고 의지할 바 주님의 말씀

시간 장소 가림 없이 빈발하는 홍수
대비하세, 기후 변화 결말부

우리 모두 자각해야 할 기후 위기
동참하세, 지구 되살리기

아침 이슬

풀잎 끝에 맺힌 이슬방울
영롱하기 그지없네

기온 오르면 사라질 유일무이한 존재
이 시각 아님 볼 수 없네

어떤 연유로 저리 매달려 있나
온몸 공글린 채

맺힌 건지 달린 건지
알 수 없네

한 치 앞도 내다보지 못하는
아침 이슬 같은 우리네

비록 이슬 같은 존잴지라도
나의 나 됨, 오직 하나님 은혜네

갈등

갈등葛藤의 갈葛은 칡
뭐든 감고 올라가길 좋아하는 칡넝쿨

감고 갈 대상 더 이상 없음에도
하늘 향해 고갤 쳐들고 있네

등藤이 없어 외로운 걸까
어찌해야 할지 갈등하는 걸까

끝자락 당겨 내려 주어야 하나
지나쳐 가던 이 갈등하누나

붉은 백합

엊그제 사 온 백합 한 다발
연초록 꽃대 연분홍으로 변하더니
붉은 꽃 활짝 피었네

거실 가득 퍼지는 은은한 향기
희고 고결한 이미지만 내 맘 가득한데
화사한 붉은 백합도 있었네

백색 꽃이라 백합白合인줄 알았는데
여러 조각 알뿌리에 여러 빛깔 꽃을 피워
일백 백百 자字 백합百合이라네

완고한 편견과 터무니없는 오해로
바득바득 우겨댔을 어리석음 깨우쳐 준
참으로 고마운 꽃이네

신축년 성탄절

성탄절 다가오면 거르지 않는
우리 집 연례행사

고이 싸두었던 트릴 꺼내 거실에 세우고
소망 담아 달아 보는 이런저런 장식

올핸 먼저 인사 건네기 무안한
"메리 크리스마스!"

코로나19로 모두가 힘들었던 한 해
그저 무탈했음을 감사해

임인년 성탄절엔
감사할 일 더욱 많아지길!

임인년 원단 기원

삼 년째 맞는 코로나19 대유행
이기려 하지 말고 함께 가야 하나?

새해 아침에 바라는 소망
어떤 꿈 키우고, 무얼 바라야 하나?

새해 복 많이 받으라는 덕담
어떤 복 빌고, 뭘 복이라 해야 하나?

잘 될 거라는 위로와 격려
희망 고문 되지 않길 바라네

눈 뜰 수 있어 감사한 아침
잠자리에 들며 무탈했음 감사하세

임인년 새해
감사할 일 많은 한 해 되길!

소원성취의 문

구천동 어사길 산책로
좁은 틈새 길

치유의 길 걷는 이유
가지가지

바위 틈새 통과자
누군가

무사통과 시 이뤄지려나
원하고 바라는 바

헛되고 헛되도다
부질없고 허망한 바람

자유로이 드나드는 건
오직 바람뿐

(구천동 어사길 소원성취의 문)

가뭄

나날이 낮아지는
저수지 수위

바닷가 갯벌 닮은
베틀못 퇴적층

바닥 드러난 뻘 위로
번지는 연잎

꽃을 피울 수나 있으려나
물밀 듯 이는 조바심

자유로이 유영할 곳 찾아
떠나버린 물새들

숨을 곳 마실 물 없어
붕어崩御한 왕붕어

농번기에 타들어 가는
농부의 마음

비야 내려라
호수 가득 차도록

(2022. 05. 24, 기지제)

(2022. 05. 30, 기지제)

(2022. 06. 01, 기지제)

옥녀봉 변강쇠바위

전남 장흥 유치자연휴양림 경내
우뚝 솟은 바위산 봉우리

이름이 무언가
옥녀봉 변강쇠바위라네

바위산 봉우리 맞은편
숲속의 집 두 동

명칭이 무언가
옥녀집과 변강쇠집이라네

바윈 바위 집은 집일 뿐인데
멋대로 부르며 희롱하네

부르기 쪼매* 거시기해도
서너 명씩 두 가족에겐 안성맞춤일세

싱그런 풍광 청아한 산새가 반겨주니
어이 하룻밤만 머물리

---

* '조금'의 전라도 말

(변강쇠집에서 바라본 바위산 봉우리)

책바위

월출산 천황탐방안내소 기점 등산로
바람골 지나 바람폭포에 이르니
능선 위 사선으로 내민 바위
이름하여 책바위라네

보는 이마다 느낌이 다르다는데
내 보기엔 와인 숙성통이네
술보단 책이 바람직해
그리 불렸으려나

인자요산仁者樂山 지자요수知者樂水
줄여 요산요수樂山樂水라
난 물보다 산인가
산보다 물인가

책바위도 보았겠다
오늘 밤 자기 전
책 한 권
보리라

(월출산 책바위)

개미 떼

뜨거운 황토 포장로 위
줄지어 선 개미 떼

먹이 모으려고
아니고

분가 위함도
아니고

임박한 강우 대비한
거동이네

슈퍼컴보다도 정확한
일기예보네

(2022. 06. 20, 기지제 제방)

빈 의자

기지제 소공원 맞은편
덩그러니 놓인
빈 의자 셋

가던 길 멈추는 이 누구며
다가가 앉는 이 뉘고
망설이는 이 뉘뇨

다홍, 초록, 노랑 의자 셋
주인공 될지 내기하며
하릴없이 기다리네

(2022. 06. 18, 기지제)

발문
작은 것에서 큰 것을 보는 여유

——————— 김용재 전주교대 교수

〈발문〉

작은 것에서 큰 것을 보는 여유

김용재 (전주교대 교수)

1. 인연, 영글다

소문이 무성하였다. 영어연극 셰익스피어의 『로미오와 줄리엣』을 사범대학 영어교육과에서 공연한다는 것이었다. 로미오 역을 맡은 학생이 이 인이라고 한다. 고등학교 선배란다. 내가 처음 이 인 교수님을 알게 된 날이었다. 1978년 이맘때쯤 이야기이다. 풍문으로 이름만 알고 있다가 비로소 직접 대면하는 기쁨을 얻을 수 있었다. 1997년 전주교육대학교에서 교수 신분으로 그와 나는 처음 만났다. 우리의 인연은 이렇게 시작되었다. 이 인 교수님, 아니 선배님, 아니 이 인 시인이 더 맞지 않을까. 그냥 이 선생님이 좋겠다. 이 모든 호칭을 아울러 존경의 마음을 담을 수 있는 단어이니까.

나는 그를 보면 '모범생'이란 단어가 제일 먼저 떠오른다. 허투루 일상을 보내지 않고 항상 자신을 채근하며 사는 자세, 남을 배려하며 자신을 낮추는 언어와 행동, 주변을 챙기면서도 자신의 일을 성실하게 마무리하는 태도는 이 선생님의 생활과 인품을 보여주는 대표적 언사들이다. 영어학자로 평생을 살아오면서,

교육자로서의 품위를 잃지 않고 학생을 사랑의 마음으로 대하여 동료 교수의 칭찬과 존경을 받아온 그는 언제나 모범생이었다.

그가 작년 이맘때 정년기념 시집『그루터기 단상 일지』를 펴냈을 때, 나는 깜짝 놀랐다. 영어 교육에 매진한 그가 문학 소년의 감수성을 잃지 않고 있어서였다. 중학생 시절에 이미 교내백일장 대회에서 장원한 이력을 지니고 있으니, 그동안 충만한 문학 열정은 여태 어디에서 잠자고 있었을까. 어쩌면 그의 일기장에서, 작은 수첩에서 살아 움직였을 것이다. 정년 전후해서 이 열정이 다시 타올라 이번에 두 번째 시사집(詩寫集)『언젠가는』을 준비하였다. 시와 사진이 어울린 정신의 궤적이 오롯이 세상을 빛나게 한다. 그의 글을 일람하면서 나의 감상의 편린(片鱗)을 엮어 놓고자 한다. 평론의 성격은 논리만 반짝인다. 감상의 글은 시인의 마음과 공유하는 나의 작은 몸짓이다.

2. 꽃과 나무, 머무는 시선

꽃과 나무는 자연을 대표하는 전령들이다. 시인의 눈은 작은 것을 보아도 큰 것을 찾는 여유가 있다. 시는 대상을 관찰하면서 그 속에서 세계와 닮아 있는 자신을 찾는 작업이기도 하다. 자연과 하나가 되는 언어 표현의 기쁨과 즐거움은 작은 것에서 큰 것을 찾았을 때 발현된다. 너와 내가 둘이 아닌 하나가 된다는 사실, 대상은 멀리 있지 않고 나의 마음속에서도 피어 있다는 사실, 꽃과 나무는 완상의 대상이 아닌 나를 발견하는 소이가 된다는 작은 꿈은 더욱 커져 형상적 언어로 승화한다.

이 선생님의 시 작업은 작은 것에 대한 사랑으로부터 시작한다. 산책하는 길거리에서, 집 주변에서, 공원에서 언뜻 보았던 꽃과 나무를 세심하게 살핀다. 대상에 대해 한 걸음 뒤로 물러가서 이에 대한 상세한 생태를 파악한다. 대상에 대한 사랑은 대상을 잘 아는 일로부터 시작되기 때문이다. 대상의 발견과 관찰의 정신 궤적은 애정의 다른 표시일 뿐이다.

시집의 처음을 열고 있는 〈배롱나무꽃〉을 보면 그의 관찰의 시선과 정신의 융합이 어떻게 구현되고 있는지 금세 눈치챌 수 있다.

> 백일홍이라고도 불리는 배롱나무
> 풀꽃 백일홍과 구별하려 따로 붙여진 이름
>
> 줄길 간지럽히면 가질 흔든다 해서
> 간지럼나무로도 불리네
>
> 반들반들 담갈색 가지 위 붉은 꽃
> 여름꽃 중 으뜸일세
>
> 초록에 자홍이라 더더욱 도드라지고
> 번갈아 피고 지니 오래도록 눈 호강 하네
>
> 지금 난 뭘 보고 있나
> 꽃인가 나문가
> 목 빼고 바라보는
> 목백일홍   (〈배롱나무꽃〉 전문)

첫 연에서 확인할 수 있듯이 이 시는 대상의 발견에서부터 시작된다. 배롱나무를 보는 시인의 시선은 이내 세심한 관찰과 생태 특성을 나열하며 대상을 확인하면서 대상을 보는 기쁨을 표현한다. 그러면서 곧장 대상과 자아가 일체화되어 배롱나무의 아름다움에 취해 있는 자신의 마음을 드러낸다. 시상의 전개 방식은 발견과 관찰, 생태의 특성 파악, 그런 다음에는 자신의 감상과 일체화되는 심상의 제시 형식으로 구체화되고 있다. 이 시집을 관통하는 기본적인 시의 구성 방법이기도 하다. 이러한 시상의 전개에서 매우 중요한 점은 사소한 것이라도 세심하게 바라보며 자신에게 다가오는 발견의 기쁨과 관찰을 예사롭지 않게 표현하는 시정신의 예리함이다.

  '배롱나무꽃'은 이제 단순히 "백일홍이라고도 불리는 배롱나무", "반들반들 담갈색 가지 위 붉은 꽃/ 여름꽃 중 으뜸"이라는 관찰의 결과물이 아니다. 자아와 혼연일체가 된 "목 빼고 바라보는 목백일홍"으로 변이된다. 작은 것에서 자신을 투영한 '목백일홍'이라는 명명(命名)은 놀라운 은유이다.

  이리하여 어떤 때는 "단풍의 절규"(〈만추〉)를 듣기도 하고, "혼인 예식 시작하며 밝히는 화촉(樺燭)"(〈건지산 나무〉)을 보기도 한다. 산딸나무꽃을 우산으로 인지하는 것(〈산딸나무꽃〉)이나 하늘나리꽃을 "하늘나라서 마실 온 아기별"(〈하늘나리꽃〉)로 비유하는 것도 작은 것의 관찰에서 인생의 새롭고 영민한 세상살이라는 큰 것을 보는 여유의 또 다른 표현이다.

3. 작은 새와 카메라의 눈

꽃과 나무가 지상을 버티고 있는 자연물이라면, 새는 하늘의 공기와 천상의 세계를 가르는 생명체이다. 텃새와 철새가 주변에 많이 있지만, 관심이 없으면 보이지 않는다. 사랑은 관심의 눈빛에서 시작된다. 작은 것들, 사소한 생명체가 우리들 삶에서 날줄과 씨줄이 되어 사유의 세계 속에 들어선다. 이러한 관찰의 결과는 '딱따구리'나 '쇠오리', '고니', '참새' 같은 익숙한 이름이 제재가 되기도 하고, 보통사람들에게 잘 알려지지 않은 낯선 생명체가 주요 시 제재로 등장하기도 한다. 아무에게나 발견되지 않는 낯선 이방인들. 이는 대상을 찾기 위해 세심한 관찰을 하지 않으면 보이지 않는 법이다.

2장을 장식하는 새들이 그것이다. 대상에 대한 세세한 묘사와 그에 대한 심상을 제시하는 시인의 눈이 반짝인다. 어떤 대상에서는 자연의 이치와 인간 삶의 관계를 찾기도 한다. 이는 작은 것에서 큰 것의 의미를 찾는 시인의 마음이다. '물총새', '흰날개해오라기', '호랑지빠귀', '어치', '밀화부리', '뿔논병아리', '촉새', '힝둥새', '붉은머리오목눈이', '검은머리방울새', '찌르레기' 등등. 이름도 낯선 새들이 등장한다. 새를 제재로 삼은 시에서는 카메라의 눈이 더 중요할 것 같다. 물가나 산, 들에서 새를 찾는 시인의 눈이 예사롭지 않다. 이것은 과학자의 탐조 활동과는 거리가 있다. 생태 파악을 목적으로 하는 과학자의 시선은 객관적 사실의 확인에 머문다. 언어의 세계는 당연히 분석과 설명이다. 시인의 눈은 새를 만난 반가움, 새들과 같이 산다는 이치를 찾으며 느끼는 자연과의 일체감, 생명체의 아름다움에 대한 감격의 심상이 중심이 된다. 새의 묘사가 어떻게 제시되는지 살펴보면 이를 잘 알 수 있다.

  등이 푸르러 취조(翠鳥)인데/ 어호(漁虎), 어구(漁狗)로도 불리네//
  윗면은 녹청, 등허린 파랑/ 귀 뒤 반점과 멱은 하양, 배는 주황//
   (〈물총새〉 중에서; '/'은 행의 구분, '//'은 연의 구분을 표시함.)
  암수 동색이라 쉬이 구별되는/대략 한 자 길이 큰 새//
  황갈색 등허리 깃털 무늬/ 영락없는 호피(虎皮)네//
   (〈호랑지빠귀〉 중에서)
  적갈색 머리 위엔/ 흑색 반점//
  검은 줄무늬, 파란 날개덮깃은/ 확실한 신분증//
   (〈어치〉 중에서)
  엷은 주황색 부리 끝은 검고 뭉툭하며/ 연회색 몸통에 머리와 꼬린 검어도/ 날개깃 끝 줄무닌 하얗네//
   (〈밀화부리〉 중에서)
  부린 분홍색, 눈 주원 흰색/ 날면 드러나는 흰색 띠//
   (〈뿔논병아리〉 중에서)
  녹갈색 등엔 진갈색 줄무늬/ 가슴엔 흑갈색 얼룩무늬//
  짧고 뚜렷한/ 눈 위 흰 눈썹 선//
   (〈힝둥새〉 중에서)
  몸 전첸 갈색/ 정수리와 날갠 적갈색//
  끝이 아래로 굽은 뭉툭한 부리/ 덩치에 비해 긴 꼬리//
       (〈붉은머리오목눈이〉 중에서)

시의 묘사는 카메라의 눈과 닮아 있다. 과학자의 분석이나 설

명에서 보는 현미경의 눈이 아니다. 객관적 상관물로 작동하는 새를 보며 애정 어린 묘사를 마치 카메라의 눈처럼 순간을 포착하며 전체를 보여준다. 이 시를 볼 때는 옆면에 실린 사진을 자세하게 볼 필요가 있다. 시인의 몸이 어떻게 새에 이르렀는지 상상하는 것도 즐거운 일이다. 찾는다고 나타나는 새들이 아니다. 관심을 갖고 길을 걷다 우연히 조우하는 발견의 기쁨이 먼저이다. 시인은 대상을 카메라로 찍기 위해 조심조심 다가선다. 셔터를 꾹 누르는 그 순간, 새와 나는 하나가 된다. 기쁨이다. 이 기쁨을 그들의 외모나 생태에 맞게 운율과 이미지를 생각하며 상세하게 묘사한다. 대상이 시인의 마음에 들어선다. 자연과 인간의 삶을 생각한다. 그들에서 찾는 의미는 심오할 뿐이다.

　이러한 결과는 때로는 "황새걸음일랑 걷지 마라/ 가랑이 찢어질라"(〈붉은머리오목눈이〉) 걱정하며 경계하기도 하고, "촉샌 되지 마라/ 까불이 우리 아가"(〈촉새〉)와 같은 아랫사람에 대한 사랑으로 변이하고, 때로는 "어치 견줄 만한 장삼이사/ 어디 없을까나"(〈어치〉) 하며 인간사를 비판하는 테제로 삼기도 한다. "또 다른 이름 '고지새'/ 더 정겨운 이름 '밀화(密話)부리'/ 은밀한 얘기 전해주려나 은근 기대 되네"(〈밀화부리〉)에 이르러서는 이름과 형상 속에서 은밀한 삶의 모습을 제시하면서 대상과의 일체감으로 승화시키기도 한다.

4. 언젠가는 ……

　이 시사집은 시인의 눈과 카메라 눈의 결합으로 이루어지고 있다. 시와 사진의 결합. 이는 과학 문명의 발달과 함께 찾아온 우리 시 세계의 다양성의 한 사례이다. 2010년대에 이르러 우리 시단에 새로운 시 양식이 시도된 바 있다. 일명 '디카시'라 불리는 이 양식은 디지털카메라와 시의 결합어이다. 사진의 세계와 언어의 세계를 일체화하여 존재의 의미를 찾는 작업은 대체적으로 알레고리 형식의 시 작법으로 고정되었다. 디카를 통해 있는 세계를 사실적으로 제시하고 이에 대해 비틀어보는 시각을 더해 세계의 이면을 들여다보는 셈이다.

이 선생님의 시사집은 일반적인 디카시 양식과는 다르다. '비틀어보기'의 시선보다 '제대로 보기'의 시선이 중심이 된다. 있는 그대로 얼마나 상세하게 재현할 수 있는지 언어의 세계와 카메라의 세계가 경쟁하는 것 같다. 시의 세계에 이르러서는 제대로 묘사하기, 운율의 아름다움을 곁들여 자연의 리듬을 찾아가기, 거기에 한 단계 더 승화하여 삶과 세계 속의 형상을 빗대보기, 자연 현상에서 삶의 가르침으로 전이하는 모습도 찾아보기 등이 이뤄진다. 시정신의 바탕에서는 자기 수양의 자세를 잃지 않는다. 기독 정신으로 세상을 염원하면서 교육자나 선비의 자세에서 볼 수 있는 자기반성과 교훈의 세계가 펼쳐지는 것도 이 때문이다.

어떻게 살 것인가. 일상생활의 스케치에서 얻는 작은 교훈은 때로는 거대담론으로 환치되기도 하고, 때로는 자신을 채근하는 도덕적 상상력으로 변이되기도 한다. 우리는 '언젠가는' 이 세상 모든 사람들이 넓은 세상에서 떳떳하게 잘 살아가리라 기대한다. 어린 참새의 이소 현상을 보며 미래 세대에 대한 기대를 표현한 〈언젠가는〉에 녹아 있는 정신이다. 이 정신이 선생님의 시 세계에서 바탕이 되는 거대 담론이면서 일상의 미세담론에서 찾는 참된 바람이기도 하다.

> 우리게 친근한/ 참새//
> 이제 막 이소한/ 어린 새//
> 양 갈래 가지 새에/ 앉아 있네//
> 아직 날 줄 모르니/ 주저주저//
> 누구나 저런 때/ 있었네//
> 언젠가는 꼬옥/ 오리라//
> 자유롭게 날/ 그날　　(〈언젠가는〉 전문)

　주저주저 어쩔 줄 모르는 어린 참새를 발견하면서 자유롭게 날아오를 그날을 꿈꾸는 모습은 소박한 소망인지 모른다. 일상적이고 자잘한 현상인지도 모른다. 하지만, 이 세상 어른들은 이제 막 세상살이의 문을 여는 젊은 세대에게 기대를 한다. 어디서든지 쉽게 접할 수 있는 '참새'를 보며 세대 담론을 찾는 큰 시각은 차분한 언어임에도 웅장하게 들린다. 인생의 묘미는 작은 것을 보면서 큰 것을 찾았을 때 느끼는 것 아닐까.
　이러한 정신의 궤적은 "법이란 무엇인가/ 법(法) 자(字) 구성은 물 수 변에 갈 거/ 물 흐르듯 살아가도록 도와주는 거 아닌가"(〈제헌절〉)로 사회공동체의 지향점을 찾는 여유로 변이되기도 한다. 또한 낮달을 보면서 "옹졸함 좀스러움 벗어 버리고/ 유연하게 살아가세/ 해와 달처럼"(〈해와 달처럼〉)같은 인생론을 소소하게 펼친다. 때로는 무지개에서 기후 변화와 지구 되살리기를 생각(〈무지개〉)하는가 하면, 아침 이슬에서 "나의 나 됨"을 찾고 하나님 은혜를 느끼기도 한다(〈아침 이슬〉). 이러한 생활 윤리를 거대하고 큰 이념에서 찾는 것이 아니라 소소한 일상의 상식에서 구체화하는 진솔함이 담겨 있다.

솔직함이 유연한 사고를 낳는다. 이 선생님의 시 정신 매력이 여기에 있다. 그 바탕에는 직선적 사고보다 원이나 곡선을 닮은 사고, 크고 난해한 언어보다 작으면서도 쉽게 대상으로 다가가는 언어가 갖는 힘이기도 하다. 현학이나 언어유희에 빠진다면 대상은 우리에게서 더 멀리 도망가고 만다. 제대로 된 언어 표현은 사물을 정확하게 인지하는 순간부터 시작된다. 가식과 허망 속에서 예쁜 옷으로 치장을 하는 현란한 기교나 속임수로는 진실에 다가설 수 없다.

완벽한 언어 세계는 없다. 나와 세계 사이에서 의미화하는 처절한 싸움, 그것은 작가가 고민한 여정이면서 발견이다. 무엇을 위해 산다는 것은 어떻게 살아도 된다는 것과 등가(等價)는 아니다. 무엇을 어떻게 살아야 한다는 것인가. 그것은 자아와 세계가 교호하며, 차분한 자아가 끝없이 던지는 질문 속에 그 대답이 있다.

언젠가는 우리는 알 것이다. 세상살이의 답은 작은 것에서부터 시작됨을. 언젠가는 알 것이다. 진리는 자신의 마음속에 있다는 사실을. 그리하여 언젠가는 우리 모두 풍요롭고 살맛 나는 세상 속에서 살 수 있음을. 자연과 함께. 언젠가는.

이 인 詩寫集 Ⅱ
언젠가는

인 쇄 2022년 10월 24일
발 행 2022년 10월 27일

지은이 이 인
발행인 서정환
펴낸곳 신아출판사
주 소 전북 전주시 완산구 공북 1길 16
전 화 (063) 275-4000, 252-5633
이메일 sina321@hanmail.net
출판등록 제465-1984-000004호

ISBN 970-11-92557-50-2 (03810)
값 10,000원

* 저자와 협의하여 인지는 생략합니다.
* 잘못된 책은 바꿔 드립니다.